CARNET DE
MOTS DE PASSE

Site Web : ....

Identifiant : .... *Mot de passe* : ....

Adresse mail : .... *Code PIN* : ....

Question secrète : ....

....

Notes supplémentaires : ....

....

Date : ....

Site Web : ....

Identifiant : .... *Mot de passe* : ....

Adresse mail : .... *Code PIN* : ....

Question secrète : ....

....

Notes supplémentaires : ....

....

Date : ....

Site Web : ....

Identifiant : .... *Mot de passe* : ....

Adresse mail : .... *Code PIN* : ....

Question secrète : ....

....

Notes supplémentaires : ....

....

Date : ....

Site Web : ....

Identifiant : .... *Mot de passe* : ....

Adresse mail : .... *Code PIN* : ....

Question secrète : ....

....

Notes supplémentaires : ....

....

Date : ....

Site Web : --

Identifiant : ---------------------------- Mot de passe : -----------------------

Adresse mail : --------------------------------------- Code PIN : ------------

Question secrète : --

Notes supplémentaires : --

Date : -------------

Site Web : --

Identifiant : ---------------------------- Mot de passe : -----------------------

Adresse mail : --------------------------------------- Code PIN : ------------

Question secrète : --

Notes supplémentaires : --

Date : -------------

Site Web : --

Identifiant : ---------------------------- Mot de passe : -----------------------

Adresse mail : --------------------------------------- Code PIN : ------------

Question secrète : --

Notes supplémentaires : --

Date : -------------

Site Web : --

Identifiant : ---------------------------- Mot de passe : -----------------------

Adresse mail : --------------------------------------- Code PIN : ------------

Question secrète : --

Notes supplémentaires : --

Date : -------------

Site Web : ....

Identifiant : .... *Mot de passe* : ....

Adresse mail : .... *Code PIN* : ....

Question secrète : ....

....

Notes supplémentaires : ....

....

Date : ....

Site Web : ....

Identifiant : .... *Mot de passe* : ....

Adresse mail : .... *Code PIN* : ....

Question secrète : ....

....

Notes supplémentaires : ....

....

Date : ....

Site Web : ....

Identifiant : .... *Mot de passe* : ....

Adresse mail : .... *Code PIN* : ....

Question secrète : ....

....

Notes supplémentaires : ....

....

Date : ....

Site Web : ....

Identifiant : .... *Mot de passe* : ....

Adresse mail : .... *Code PIN* : ....

Question secrète : ....

....

Notes supplémentaires : ....

....

Date : ....

Site Web : ....

Identifiant : .... Mot de passe : ....

Adresse mail : .... Code PIN : ....

Question secrète : ....

....

Notes supplémentaires : ....

....

Date : ....

Site Web : ....

Identifiant : .... Mot de passe : ....

Adresse mail : .... Code PIN : ....

Question secrète : ....

....

Notes supplémentaires : ....

....

Date : ....

Site Web : ....

Identifiant : .... Mot de passe : ....

Adresse mail : .... Code PIN : ....

Question secrète : ....

....

Notes supplémentaires : ....

....

Date : ....

Site Web : ....

Identifiant : .... Mot de passe : ....

Adresse mail : .... Code PIN : ....

Question secrète : ....

....

Notes supplémentaires : ....

....

Date : ....

Site Web : ____

Identifiant : ________________ _Mot de passe_ : ____________

Adresse mail : ___________________ _Code PIN_ : __________

Question secrète : ____

____

Notes supplémentaires : ___________________________________

____

Date : __________

Site Web : ____

Identifiant : ________________ _Mot de passe_ : ____________

Adresse mail : ___________________ _Code PIN_ : __________

Question secrète : ____

____

Notes supplémentaires : ___________________________________

____

Date : __________

Site Web : ____

Identifiant : ________________ _Mot de passe_ : ____________

Adresse mail : ___________________ _Code PIN_ : __________

Question secrète : ____

____

Notes supplémentaires : ___________________________________

____

Date : __________

Site Web : ____

Identifiant : ________________ _Mot de passe_ : ____________

Adresse mail : ___________________ _Code PIN_ : __________

Question secrète : ____

____

Notes supplémentaires : ___________________________________

____

Date : __________

Site Web : ---

Identifiant : ---------------------------- Mot de passe : ----------------------------

Adresse mail : -- Code PIN : --------------

Question secrète : --

Notes supplémentaires : --

Date : --------------

Site Web : ---

Identifiant : ---------------------------- Mot de passe : ----------------------------

Adresse mail : -- Code PIN : --------------

Question secrète : --

Notes supplémentaires : --

Date : --------------

Site Web : ---

Identifiant : ---------------------------- Mot de passe : ----------------------------

Adresse mail : -- Code PIN : --------------

Question secrète : --

Notes supplémentaires : --

Date : --------------

Site Web : ---

Identifiant : ---------------------------- Mot de passe : ----------------------------

Adresse mail : -- Code PIN : --------------

Question secrète : --

Notes supplémentaires : --

Date : --------------

Site Web : ....

Identifiant : .... *Mot de passe* : ....

Adresse mail : .... *Code PIN* : ....

Question secrète : ....

....

Notes supplémentaires : ....

....

Date : ....

Site Web : ....

Identifiant : .... *Mot de passe* : ....

Adresse mail : .... *Code PIN* : ....

Question secrète : ....

....

Notes supplémentaires : ....

....

Date : ....

Site Web : ....

Identifiant : .... *Mot de passe* : ....

Adresse mail : .... *Code PIN* : ....

Question secrète : ....

....

Notes supplémentaires : ....

....

Date : ....

Site Web : ....

Identifiant : .... *Mot de passe* : ....

Adresse mail : .... *Code PIN* : ....

Question secrète : ....

....

Notes supplémentaires : ....

....

Date : ....

Site Web : ....

Identifiant : .... *Mot de passe :* ....

Adresse mail : .... *Code PIN :* ....

Question secrète : ....

....

Notes supplémentaires : ....

....

Date : ....

Site Web : ....

Identifiant : .... *Mot de passe :* ....

Adresse mail : .... *Code PIN :* ....

Question secrète : ....

....

Notes supplémentaires : ....

....

Date : ....

Site Web : ....

Identifiant : .... *Mot de passe :* ....

Adresse mail : .... *Code PIN :* ....

Question secrète : ....

....

Notes supplémentaires : ....

....

Date : ....

Site Web : ....

Identifiant : .... *Mot de passe :* ....

Adresse mail : .... *Code PIN :* ....

Question secrète : ....

....

Notes supplémentaires : ....

....

Date : ....

Site Web : ....

Identifiant : .... *Mot de passe :* ....

Adresse mail : .... *Code PIN :* ....

Question secrète : ....

....

Notes supplémentaires : ....

....

Date : ....

Site Web : ....

Identifiant : .... *Mot de passe :* ....

Adresse mail : .... *Code PIN :* ....

Question secrète : ....

....

Notes supplémentaires : ....

....

Date : ....

Site Web : ....

Identifiant : .... *Mot de passe :* ....

Adresse mail : .... *Code PIN :* ....

Question secrète : ....

....

Notes supplémentaires : ....

....

Date : ....

Site Web : ....

Identifiant : .... *Mot de passe :* ....

Adresse mail : .... *Code PIN :* ....

Question secrète : ....

....

Notes supplémentaires : ....

....

Date : ....

Site Web : --

Identifiant : --------------------------------------- Mot de passe : ---------------------------------

Adresse mail : --- Code PIN : ---------------

Question secrète : ---

Notes supplémentaires : --

Date : ---------------

Site Web : --

Identifiant : --------------------------------------- Mot de passe : ---------------------------------

Adresse mail : --- Code PIN : ---------------

Question secrète : ---

Notes supplémentaires : --

Date : ---------------

Site Web : --

Identifiant : --------------------------------------- Mot de passe : ---------------------------------

Adresse mail : --- Code PIN : ---------------

Question secrète : ---

Notes supplémentaires : --

Date : ---------------

Site Web : --

Identifiant : --------------------------------------- Mot de passe : ---------------------------------

Adresse mail : --- Code PIN : ---------------

Question secrète : ---

Notes supplémentaires : --

Date : ---------------

Site Web : ....

Identifiant : .... _Mot de passe_ : ....

Adresse mail : .... _Code PIN_ : ....

Question secrète : ....

....

Notes supplémentaires : ....

....

Date : ....

Site Web : ....

Identifiant : .... _Mot de passe_ : ....

Adresse mail : .... _Code PIN_ : ....

Question secrète : ....

....

Notes supplémentaires : ....

....

Date : ....

Site Web : ....

Identifiant : .... _Mot de passe_ : ....

Adresse mail : .... _Code PIN_ : ....

Question secrète : ....

....

Notes supplémentaires : ....

....

Date : ....

Site Web : ....

Identifiant : .... _Mot de passe_ : ....

Adresse mail : .... _Code PIN_ : ....

Question secrète : ....

....

Notes supplémentaires : ....

....

Date : ....

Site Web : ....

Identifiant : .... *Mot de passe :* ....

Adresse mail : .... *Code PIN :* ....

Question secrète : ....

....

Notes supplémentaires : ....

.... *Date :* ....

Site Web : ....

Identifiant : .... *Mot de passe :* ....

Adresse mail : .... *Code PIN :* ....

Question secrète : ....

....

Notes supplémentaires : ....

.... *Date :* ....

Site Web : ....

Identifiant : .... *Mot de passe :* ....

Adresse mail : .... *Code PIN :* ....

Question secrète : ....

....

Notes supplémentaires : ....

.... *Date :* ....

Site Web : ....

Identifiant : .... *Mot de passe :* ....

Adresse mail : .... *Code PIN :* ....

Question secrète : ....

....

Notes supplémentaires : ....

.... *Date :* ....

Site Web : ....

Identifiant : .... *Mot de passe :* ....

Adresse mail : .... *Code PIN :* ....

Question secrète : ....

....

Notes supplémentaires : ....

....

Date : ....

Site Web : ....

Identifiant : .... *Mot de passe :* ....

Adresse mail : .... *Code PIN :* ....

Question secrète : ....

....

Notes supplémentaires : ....

....

Date : ....

Site Web : ....

Identifiant : .... *Mot de passe :* ....

Adresse mail : .... *Code PIN :* ....

Question secrète : ....

....

Notes supplémentaires : ....

....

Date : ....

Site Web : ....

Identifiant : .... *Mot de passe :* ....

Adresse mail : .... *Code PIN :* ....

Question secrète : ....

....

Notes supplémentaires : ....

....

Date : ....

Site Web : ....

Identifiant : .... *Mot de passe :* ....

Adresse mail : .... *Code PIN :* ....

Question secrète : ....

....

Notes supplémentaires : ....

....

Date : ....

Site Web : ....

Identifiant : .... *Mot de passe :* ....

Adresse mail : .... *Code PIN :* ....

Question secrète : ....

....

Notes supplémentaires : ....

....

Date : ....

Site Web : ....

Identifiant : .... *Mot de passe :* ....

Adresse mail : .... *Code PIN :* ....

Question secrète : ....

....

Notes supplémentaires : ....

....

Date : ....

Site Web : ....

Identifiant : .... *Mot de passe :* ....

Adresse mail : .... *Code PIN :* ....

Question secrète : ....

....

Notes supplémentaires : ....

....

Date : ....

Site Web : ....

Identifiant : .... *Mot de passe* : ....

Adresse mail : .... *Code PIN* : ....

Question secrète : ....

....

Notes supplémentaires : ....

....

Date : ....

Site Web : ....

Identifiant : .... *Mot de passe* : ....

Adresse mail : .... *Code PIN* : ....

Question secrète : ....

....

Notes supplémentaires : ....

....

Date : ....

Site Web : ....

Identifiant : .... *Mot de passe* : ....

Adresse mail : .... *Code PIN* : ....

Question secrète : ....

....

Notes supplémentaires : ....

....

Date : ....

Site Web : ....

Identifiant : .... *Mot de passe* : ....

Adresse mail : .... *Code PIN* : ....

Question secrète : ....

....

Notes supplémentaires : ....

....

Date : ....

┌─ *Site Web* : ---┐

Identifiant : ----------------------------- *Mot de passe* : -----------------------------

Adresse mail : -- *Code PIN* : ------------

Question secrète : --

Notes supplémentaires : --

└──────────────────────────────────── *Date* : ------------┘

┌─ *Site Web* : ---┐

Identifiant : ----------------------------- *Mot de passe* : -----------------------------

Adresse mail : -- *Code PIN* : ------------

Question secrète : --

Notes supplémentaires : --

└──────────────────────────────────── *Date* : ------------┘

┌─ *Site Web* : ---┐

Identifiant : ----------------------------- *Mot de passe* : -----------------------------

Adresse mail : -- *Code PIN* : ------------

Question secrète : --

Notes supplémentaires : --

└──────────────────────────────────── *Date* : ------------┘

┌─ *Site Web* : ---┐

Identifiant : ----------------------------- *Mot de passe* : -----------------------------

Adresse mail : -- *Code PIN* : ------------

Question secrète : --

Notes supplémentaires : --

└──────────────────────────────────── *Date* : ------------┘

Site Web : ....

Identifiant : .... *Mot de passe :* ....

Adresse mail : .... *Code PIN :* ....

Question secrète : ....

....

Notes supplémentaires : ....

....

Date : ....

Site Web : ....

Identifiant : .... *Mot de passe :* ....

Adresse mail : .... *Code PIN :* ....

Question secrète : ....

....

Notes supplémentaires : ....

....

Date : ....

Site Web : ....

Identifiant : .... *Mot de passe :* ....

Adresse mail : .... *Code PIN :* ....

Question secrète : ....

....

Notes supplémentaires : ....

....

Date : ....

Site Web : ....

Identifiant : .... *Mot de passe :* ....

Adresse mail : .... *Code PIN :* ....

Question secrète : ....

....

Notes supplémentaires : ....

....

Date : ....

Site Web : --

Identifiant : ----------------------------- Mot de passe : ----------------------------

Adresse mail : --- Code PIN : ----------------

Question secrète : --

Notes supplémentaires : --

Date : --------------

Site Web : --

Identifiant : ----------------------------- Mot de passe : ----------------------------

Adresse mail : --- Code PIN : ----------------

Question secrète : --

Notes supplémentaires : --

Date : --------------

Site Web : --

Identifiant : ----------------------------- Mot de passe : ----------------------------

Adresse mail : --- Code PIN : ----------------

Question secrète : --

Notes supplémentaires : --

Date : --------------

Site Web : --

Identifiant : ----------------------------- Mot de passe : ----------------------------

Adresse mail : --- Code PIN : ----------------

Question secrète : --

Notes supplémentaires : --

Date : --------------

Site Web : ....

Identifiant : .... *Mot de passe :* ....

Adresse mail : .... *Code PIN :* ....

Question secrète : ....

....

Notes supplémentaires : ....

....

Date : ....

Site Web : ....

Identifiant : .... *Mot de passe :* ....

Adresse mail : .... *Code PIN :* ....

Question secrète : ....

....

Notes supplémentaires : ....

....

Date : ....

Site Web : ....

Identifiant : .... *Mot de passe :* ....

Adresse mail : .... *Code PIN :* ....

Question secrète : ....

....

Notes supplémentaires : ....

....

Date : ....

Site Web : ....

Identifiant : .... *Mot de passe :* ....

Adresse mail : .... *Code PIN :* ....

Question secrète : ....

....

Notes supplémentaires : ....

....

Date : ....

Site Web : --

Identifiant : ----------------------------- *Mot de passe :* ------------------------

Adresse mail : -- *Code PIN :* ------------

Question secrète : ---

Notes supplémentaires : --

Date : ------------

Site Web : --

Identifiant : ----------------------------- *Mot de passe :* ------------------------

Adresse mail : -- *Code PIN :* ------------

Question secrète : ---

Notes supplémentaires : --

Date : ------------

Site Web : --

Identifiant : ----------------------------- *Mot de passe :* ------------------------

Adresse mail : -- *Code PIN :* ------------

Question secrète : ---

Notes supplémentaires : --

Date : ------------

Site Web : --

Identifiant : ----------------------------- *Mot de passe :* ------------------------

Adresse mail : -- *Code PIN :* ------------

Question secrète : ---

Notes supplémentaires : --

Date : ------------

Site Web : ....

Identifiant : .... Mot de passe : ....

Adresse mail : .... Code PIN : ....

Question secrète : ....

....

Notes supplémentaires : ....

....

Date : ....

Site Web : ....

Identifiant : .... Mot de passe : ....

Adresse mail : .... Code PIN : ....

Question secrète : ....

....

Notes supplémentaires : ....

....

Date : ....

Site Web : ....

Identifiant : .... Mot de passe : ....

Adresse mail : .... Code PIN : ....

Question secrète : ....

....

Notes supplémentaires : ....

....

Date : ....

Site Web : ....

Identifiant : .... Mot de passe : ....

Adresse mail : .... Code PIN : ....

Question secrète : ....

....

Notes supplémentaires : ....

....

Date : ....

Site Web : ....

Identifiant : .... Mot de passe : ....

Adresse mail : .... Code PIN : ....

Question secrète : ....

....

Notes supplémentaires : ....

....

Date : ....

Site Web : ....

Identifiant : .... Mot de passe : ....

Adresse mail : .... Code PIN : ....

Question secrète : ....

....

Notes supplémentaires : ....

....

Date : ....

Site Web : ....

Identifiant : .... Mot de passe : ....

Adresse mail : .... Code PIN : ....

Question secrète : ....

....

Notes supplémentaires : ....

....

Date : ....

Site Web : ....

Identifiant : .... Mot de passe : ....

Adresse mail : .... Code PIN : ....

Question secrète : ....

....

Notes supplémentaires : ....

....

Date : ....

Site Web : ....

Identifiant : .... _Mot de passe :_ ....

Adresse mail : .... _Code PIN :_ ....

Question secrète : ....

....

Notes supplémentaires : ....

.... _Date :_ ....

Site Web : ....

Identifiant : .... _Mot de passe :_ ....

Adresse mail : .... _Code PIN :_ ....

Question secrète : ....

....

Notes supplémentaires : ....

.... _Date :_ ....

Site Web : ....

Identifiant : .... _Mot de passe :_ ....

Adresse mail : .... _Code PIN :_ ....

Question secrète : ....

....

Notes supplémentaires : ....

.... _Date :_ ....

Site Web : ....

Identifiant : .... _Mot de passe :_ ....

Adresse mail : .... _Code PIN :_ ....

Question secrète : ....

....

Notes supplémentaires : ....

.... _Date :_ ....

Site Web : ....

Identifiant : .... Mot de passe : ....

Adresse mail : .... Code PIN : ....

Question secrète : ....

....

Notes supplémentaires : ....

....

.... Date : ....

Site Web : ....

Identifiant : .... Mot de passe : ....

Adresse mail : .... Code PIN : ....

Question secrète : ....

....

Notes supplémentaires : ....

....

.... Date : ....

Site Web : ....

Identifiant : .... Mot de passe : ....

Adresse mail : .... Code PIN : ....

Question secrète : ....

....

Notes supplémentaires : ....

....

.... Date : ....

Site Web : ....

Identifiant : .... Mot de passe : ....

Adresse mail : .... Code PIN : ....

Question secrète : ....

....

Notes supplémentaires : ....

....

.... Date : ....

Site Web : ....

Identifiant : .... Mot de passe : ....

Adresse mail : .... Code PIN : ....

Question secrète : ....

....

Notes supplémentaires : ....

....

Date : ....

Site Web : ....

Identifiant : .... Mot de passe : ....

Adresse mail : .... Code PIN : ....

Question secrète : ....

....

Notes supplémentaires : ....

....

Date : ....

Site Web : ....

Identifiant : .... Mot de passe : ....

Adresse mail : .... Code PIN : ....

Question secrète : ....

....

Notes supplémentaires : ....

....

Date : ....

Site Web : ....

Identifiant : .... Mot de passe : ....

Adresse mail : .... Code PIN : ....

Question secrète : ....

....

Notes supplémentaires : ....

....

Date : ....

Site Web : ---

Identifiant : ------------------------------ Mot de passe : ----------------------

Adresse mail : ----------------------------------- Code PIN : ----------------

Question secrète : ---

Notes supplémentaires : ---

Date : ---------------

Site Web : ---

Identifiant : ------------------------------ Mot de passe : ----------------------

Adresse mail : ----------------------------------- Code PIN : ----------------

Question secrète : ---

Notes supplémentaires : ---

Date : ---------------

Site Web : ---

Identifiant : ------------------------------ Mot de passe : ----------------------

Adresse mail : ----------------------------------- Code PIN : ----------------

Question secrète : ---

Notes supplémentaires : ---

Date : ---------------

Site Web : ---

Identifiant : ------------------------------ Mot de passe : ----------------------

Adresse mail : ----------------------------------- Code PIN : ----------------

Question secrète : ---

Notes supplémentaires : ---

Date : ---------------

Site Web : --

Identifiant : ---------------------------- Mot de passe : ----------------------------

Adresse mail : -- Code PIN : ------------

Question secrète : --

Notes supplémentaires : --

Date : ------------

Site Web : --

Identifiant : ---------------------------- Mot de passe : ----------------------------

Adresse mail : -- Code PIN : ------------

Question secrète : --

Notes supplémentaires : --

Date : ------------

Site Web : --

Identifiant : ---------------------------- Mot de passe : ----------------------------

Adresse mail : -- Code PIN : ------------

Question secrète : --

Notes supplémentaires : --

Date : ------------

Site Web : --

Identifiant : ---------------------------- Mot de passe : ----------------------------

Adresse mail : -- Code PIN : ------------

Question secrète : --

Notes supplémentaires : --

Date : ------------

Site Web : ....

Identifiant : .... *Mot de passe* : ....

Adresse mail : .... *Code PIN* : ....

Question secrète : ....

....

Notes supplémentaires : ....

....

Date : ....

Site Web : ....

Identifiant : .... *Mot de passe* : ....

Adresse mail : .... *Code PIN* : ....

Question secrète : ....

....

Notes supplémentaires : ....

....

Date : ....

Site Web : ....

Identifiant : .... *Mot de passe* : ....

Adresse mail : .... *Code PIN* : ....

Question secrète : ....

....

Notes supplémentaires : ....

....

Date : ....

Site Web : ....

Identifiant : .... *Mot de passe* : ....

Adresse mail : .... *Code PIN* : ....

Question secrète : ....

....

Notes supplémentaires : ....

....

Date : ....

Site Web : ....

Identifiant : .... *Mot de passe :* ....

Adresse mail : .... *Code PIN :* ....

Question secrète : ....

....

Notes supplémentaires : ....

....

Date : ....

Site Web : ....

Identifiant : .... *Mot de passe :* ....

Adresse mail : .... *Code PIN :* ....

Question secrète : ....

....

Notes supplémentaires : ....

....

Date : ....

Site Web : ....

Identifiant : .... *Mot de passe :* ....

Adresse mail : .... *Code PIN :* ....

Question secrète : ....

....

Notes supplémentaires : ....

....

Date : ....

Site Web : ....

Identifiant : .... *Mot de passe :* ....

Adresse mail : .... *Code PIN :* ....

Question secrète : ....

....

Notes supplémentaires : ....

....

Date : ....

Site Web : --

Identifiant : ---------------------------- *Mot de passe :* ----------------------------

Adresse mail : -- *Code PIN :* ---------------

Question secrète : --

Notes supplémentaires : --

-- *Date :* ---------------

Site Web : --

Identifiant : ---------------------------- *Mot de passe :* ----------------------------

Adresse mail : -- *Code PIN :* ---------------

Question secrète : --

Notes supplémentaires : --

-- *Date :* ---------------

Site Web : --

Identifiant : ---------------------------- *Mot de passe :* ----------------------------

Adresse mail : -- *Code PIN :* ---------------

Question secrète : --

Notes supplémentaires : --

-- *Date :* ---------------

Site Web : --

Identifiant : ---------------------------- *Mot de passe :* ----------------------------

Adresse mail : -- *Code PIN :* ---------------

Question secrète : --

Notes supplémentaires : --

-- *Date :* ---------------

Site Web : ....

Identifiant : .... *Mot de passe :* ....

Adresse mail : .... *Code PIN :* ....

Question secrète : ....

....

Notes supplémentaires : ....

....

Date : ....

Site Web : ....

Identifiant : .... *Mot de passe :* ....

Adresse mail : .... *Code PIN :* ....

Question secrète : ....

....

Notes supplémentaires : ....

....

Date : ....

Site Web : ....

Identifiant : .... *Mot de passe :* ....

Adresse mail : .... *Code PIN :* ....

Question secrète : ....

....

Notes supplémentaires : ....

....

Date : ....

Site Web : ....

Identifiant : .... *Mot de passe :* ....

Adresse mail : .... *Code PIN :* ....

Question secrète : ....

....

Notes supplémentaires : ....

....

Date : ....

Site Web : ....

Identifiant : .... *Mot de passe :* ....

Adresse mail : .... *Code PIN :* ....

Question secrète : ....

....

Notes supplémentaires : ....

....

Date : ....

Site Web : ....

Identifiant : .... *Mot de passe :* ....

Adresse mail : .... *Code PIN :* ....

Question secrète : ....

....

Notes supplémentaires : ....

....

Date : ....

Site Web : ....

Identifiant : .... *Mot de passe :* ....

Adresse mail : .... *Code PIN :* ....

Question secrète : ....

....

Notes supplémentaires : ....

....

Date : ....

Site Web : ....

Identifiant : .... *Mot de passe :* ....

Adresse mail : .... *Code PIN :* ....

Question secrète : ....

....

Notes supplémentaires : ....

....

Date : ....

Site Web : ....

Identifiant : .... *Mot de passe* : ....

Adresse mail : .... *Code PIN* : ....

Question secrète : ....

....

Notes supplémentaires : ....

....

Date : ....

Site Web : ....

Identifiant : .... *Mot de passe* : ....

Adresse mail : .... *Code PIN* : ....

Question secrète : ....

....

Notes supplémentaires : ....

....

Date : ....

Site Web : ....

Identifiant : .... *Mot de passe* : ....

Adresse mail : .... *Code PIN* : ....

Question secrète : ....

....

Notes supplémentaires : ....

....

Date : ....

Site Web : ....

Identifiant : .... *Mot de passe* : ....

Adresse mail : .... *Code PIN* : ....

Question secrète : ....

....

Notes supplémentaires : ....

....

Date : ....

Site Web : ....

Identifiant : .... *Mot de passe :* ....

Adresse mail : .... *Code PIN :* ....

Question secrète : ....

....

Notes supplémentaires : ....

....

Date : ....

Site Web : ....

Identifiant : .... *Mot de passe :* ....

Adresse mail : .... *Code PIN :* ....

Question secrète : ....

....

Notes supplémentaires : ....

....

Date : ....

Site Web : ....

Identifiant : .... *Mot de passe :* ....

Adresse mail : .... *Code PIN :* ....

Question secrète : ....

....

Notes supplémentaires : ....

....

Date : ....

Site Web : ....

Identifiant : .... *Mot de passe :* ....

Adresse mail : .... *Code PIN :* ....

Question secrète : ....

....

Notes supplémentaires : ....

....

Date : ....

Site Web : ____

Identifiant : _____________________ Mot de passe : _____________________

Adresse mail : _________________________________ Code PIN : ___________

Question secrète : ____

____

Notes supplémentaires : _____________________________________

____

Date : ___________

Site Web : ____

Identifiant : _____________________ Mot de passe : _____________________

Adresse mail : _________________________________ Code PIN : ___________

Question secrète : ____

____

Notes supplémentaires : _____________________________________

____

Date : ___________

Site Web : ____

Identifiant : _____________________ Mot de passe : _____________________

Adresse mail : _________________________________ Code PIN : ___________

Question secrète : ____

____

Notes supplémentaires : _____________________________________

____

Date : ___________

Site Web : ____

Identifiant : _____________________ Mot de passe : _____________________

Adresse mail : _________________________________ Code PIN : ___________

Question secrète : ____

____

Notes supplémentaires : _____________________________________

____

Date : ___________

Site Web : ....

Identifiant : .... *Mot de passe* : ....

Adresse mail : .... *Code PIN* : ....

Question secrète : ....

....

Notes supplémentaires : ....

....

Date : ....

Site Web : ....

Identifiant : .... *Mot de passe* : ....

Adresse mail : .... *Code PIN* : ....

Question secrète : ....

....

Notes supplémentaires : ....

....

Date : ....

Site Web : ....

Identifiant : .... *Mot de passe* : ....

Adresse mail : .... *Code PIN* : ....

Question secrète : ....

....

Notes supplémentaires : ....

....

Date : ....

Site Web : ....

Identifiant : .... *Mot de passe* : ....

Adresse mail : .... *Code PIN* : ....

Question secrète : ....

....

Notes supplémentaires : ....

....

Date : ....

Site Web :
Identifiant : ________________ Mot de passe : ________________
Adresse mail : ________________ Code PIN : ________________
Question secrète : ________________
____
Notes supplémentaires : ________________
____
Date : ________________

Site Web :
Identifiant : ________________ Mot de passe : ________________
Adresse mail : ________________ Code PIN : ________________
Question secrète : ________________
____
Notes supplémentaires : ________________
____
Date : ________________

Site Web :
Identifiant : ________________ Mot de passe : ________________
Adresse mail : ________________ Code PIN : ________________
Question secrète : ________________
____
Notes supplémentaires : ________________
____
Date : ________________

Site Web :
Identifiant : ________________ Mot de passe : ________________
Adresse mail : ________________ Code PIN : ________________
Question secrète : ________________
____
Notes supplémentaires : ________________
____
Date : ________________

Site Web : --

Identifiant : ------------------------------ *Mot de passe :* ------------------------------

Adresse mail : -- *Code PIN :* ------------

Question secrète : --

Notes supplémentaires : --

Date : ------------

Site Web : --

Identifiant : ------------------------------ *Mot de passe :* ------------------------------

Adresse mail : -- *Code PIN :* ------------

Question secrète : --

Notes supplémentaires : --

Date : ------------

Site Web : --

Identifiant : ------------------------------ *Mot de passe :* ------------------------------

Adresse mail : -- *Code PIN :* ------------

Question secrète : --

Notes supplémentaires : --

Date : ------------

Site Web : --

Identifiant : ------------------------------ *Mot de passe :* ------------------------------

Adresse mail : -- *Code PIN :* ------------

Question secrète : --

Notes supplémentaires : --

Date : ------------

Site Web : ....

Identifiant : .... *Mot de passe* : ....

Adresse mail : .... *Code PIN* : ....

Question secrète : ....

....

Notes supplémentaires : ....

....

Date : ....

Site Web : ....

Identifiant : .... *Mot de passe* : ....

Adresse mail : .... *Code PIN* : ....

Question secrète : ....

....

Notes supplémentaires : ....

....

Date : ....

Site Web : ....

Identifiant : .... *Mot de passe* : ....

Adresse mail : .... *Code PIN* : ....

Question secrète : ....

....

Notes supplémentaires : ....

....

Date : ....

Site Web : ....

Identifiant : .... *Mot de passe* : ....

Adresse mail : .... *Code PIN* : ....

Question secrète : ....

....

Notes supplémentaires : ....

....

Date : ....

Site Web : ....

Identifiant : .... _Mot de passe :_ ....

Adresse mail : .... _Code PIN :_ ....

Question secrète : ....

....

Notes supplémentaires : ....

....

Date : ....

Site Web : ....

Identifiant : .... _Mot de passe :_ ....

Adresse mail : .... _Code PIN :_ ....

Question secrète : ....

....

Notes supplémentaires : ....

....

Date : ....

Site Web : ....

Identifiant : .... _Mot de passe :_ ....

Adresse mail : .... _Code PIN :_ ....

Question secrète : ....

....

Notes supplémentaires : ....

....

Date : ....

Site Web : ....

Identifiant : .... _Mot de passe :_ ....

Adresse mail : .... _Code PIN :_ ....

Question secrète : ....

....

Notes supplémentaires : ....

....

Date : ....

Site Web : --

Identifiant : ----------------------------- *Mot de passe* : -----------------------

Adresse mail : --- *Code PIN* : -----------

Question secrète : ---

Notes supplémentaires : --

--- *Date* : -------------------

Site Web : --

Identifiant : ----------------------------- *Mot de passe* : -----------------------

Adresse mail : --- *Code PIN* : -----------

Question secrète : ---

Notes supplémentaires : --

--- *Date* : -------------------

Site Web : --

Identifiant : ----------------------------- *Mot de passe* : -----------------------

Adresse mail : --- *Code PIN* : -----------

Question secrète : ---

Notes supplémentaires : --

--- *Date* : -------------------

Site Web : --

Identifiant : ----------------------------- *Mot de passe* : -----------------------

Adresse mail : --- *Code PIN* : -----------

Question secrète : ---

Notes supplémentaires : --

--- *Date* : -------------------

Site Web : ....

Identifiant : .... *Mot de passe* : ....

Adresse mail : .... *Code PIN* : ....

Question secrète : ....

....

Notes supplémentaires : ....

....

Date : ....

Site Web : ....

Identifiant : .... *Mot de passe* : ....

Adresse mail : .... *Code PIN* : ....

Question secrète : ....

....

Notes supplémentaires : ....

....

Date : ....

Site Web : ....

Identifiant : .... *Mot de passe* : ....

Adresse mail : .... *Code PIN* : ....

Question secrète : ....

....

Notes supplémentaires : ....

....

Date : ....

Site Web : ....

Identifiant : .... *Mot de passe* : ....

Adresse mail : .... *Code PIN* : ....

Question secrète : ....

....

Notes supplémentaires : ....

....

Date : ....

Site Web : ....

Identifiant : .... Mot de passe : ....

Adresse mail : .... Code PIN : ....

Question secrète : ....

....

Notes supplémentaires : ....

....

_____________________________________ Date : ....

Site Web : ....

Identifiant : .... Mot de passe : ....

Adresse mail : .... Code PIN : ....

Question secrète : ....

....

Notes supplémentaires : ....

....

_____________________________________ Date : ....

Site Web : ....

Identifiant : .... Mot de passe : ....

Adresse mail : .... Code PIN : ....

Question secrète : ....

....

Notes supplémentaires : ....

....

_____________________________________ Date : ....

Site Web : ....

Identifiant : .... Mot de passe : ....

Adresse mail : .... Code PIN : ....

Question secrète : ....

....

Notes supplémentaires : ....

....

_____________________________________ Date : ....

Site Web : --

Identifiant : ----------------------------- *Mot de passe* : ----------------------------

Adresse mail : ------------------------------------- *Code PIN* : -------------

Question secrète : ---

Notes supplémentaires : --

Date : -------------

Site Web : --

Identifiant : ----------------------------- *Mot de passe* : ----------------------------

Adresse mail : ------------------------------------- *Code PIN* : -------------

Question secrète : ---

Notes supplémentaires : --

Date : -------------

Site Web : --

Identifiant : ----------------------------- *Mot de passe* : ----------------------------

Adresse mail : ------------------------------------- *Code PIN* : -------------

Question secrète : ---

Notes supplémentaires : --

Date : -------------

Site Web : --

Identifiant : ----------------------------- *Mot de passe* : ----------------------------

Adresse mail : ------------------------------------- *Code PIN* : -------------

Question secrète : ---

Notes supplémentaires : --

Date : -------------

┌─ *Site Web* : --
│
│ *Identifiant* : -------------------------------- *Mot de passe* : ------------------------------
│ *Adresse mail* : -- *Code PIN* : -----------------
│ *Question secrète* : --
│ --
│ *Notes supplémentaires* : --
│ --
└── *Date* : ------------

┌─ *Site Web* : --
│
│ *Identifiant* : -------------------------------- *Mot de passe* : ------------------------------
│ *Adresse mail* : -- *Code PIN* : -----------------
│ *Question secrète* : --
│ --
│ *Notes supplémentaires* : --
│ --
└── *Date* : ------------

┌─ *Site Web* : --
│
│ *Identifiant* : -------------------------------- *Mot de passe* : ------------------------------
│ *Adresse mail* : -- *Code PIN* : -----------------
│ *Question secrète* : --
│ --
│ *Notes supplémentaires* : --
│ --
└── *Date* : ------------

┌─ *Site Web* : --
│
│ *Identifiant* : -------------------------------- *Mot de passe* : ------------------------------
│ *Adresse mail* : -- *Code PIN* : -----------------
│ *Question secrète* : --
│ --
│ *Notes supplémentaires* : --
│ --
└── *Date* : ------------

Site Web : --

Identifiant : ---------------------------- *Mot de passe* : ----------------

Adresse mail : -- *Code PIN* : ----------

Question secrète : --

Notes supplémentaires : --

Date : ------------

Site Web : --

Identifiant : ---------------------------- *Mot de passe* : ----------------

Adresse mail : -- *Code PIN* : ----------

Question secrète : --

Notes supplémentaires : --

Date : ------------

Site Web : --

Identifiant : ---------------------------- *Mot de passe* : ----------------

Adresse mail : -- *Code PIN* : ----------

Question secrète : --

Notes supplémentaires : --

Date : ------------

Site Web : --

Identifiant : ---------------------------- *Mot de passe* : ----------------

Adresse mail : -- *Code PIN* : ----------

Question secrète : --

Notes supplémentaires : --

Date : ------------

Site Web : --

Identifiant : -------------------------------- *Mot de passe* : ----------------------

Adresse mail : --- *Code PIN* : ------------

Question secrète : --

Notes supplémentaires : ---

Date : ------------

Site Web : --

Identifiant : -------------------------------- *Mot de passe* : ----------------------

Adresse mail : --- *Code PIN* : ------------

Question secrète : --

Notes supplémentaires : ---

Date : ------------

Site Web : --

Identifiant : -------------------------------- *Mot de passe* : ----------------------

Adresse mail : --- *Code PIN* : ------------

Question secrète : --

Notes supplémentaires : ---

Date : ------------

Site Web : --

Identifiant : -------------------------------- *Mot de passe* : ----------------------

Adresse mail : --- *Code PIN* : ------------

Question secrète : --

Notes supplémentaires : ---

Date : ------------

- Site Web : ....
  - Identifiant : .... Mot de passe : ....
  - Adresse mail : .... Code PIN : ....
  - Question secrète : ....
  - ....
  - Notes supplémentaires : ....
  - ....
  - Date : ....

- Site Web : ....
  - Identifiant : .... Mot de passe : ....
  - Adresse mail : .... Code PIN : ....
  - Question secrète : ....
  - ....
  - Notes supplémentaires : ....
  - ....
  - Date : ....

- Site Web : ....
  - Identifiant : .... Mot de passe : ....
  - Adresse mail : .... Code PIN : ....
  - Question secrète : ....
  - ....
  - Notes supplémentaires : ....
  - ....
  - Date : ....

- Site Web : ....
  - Identifiant : .... Mot de passe : ....
  - Adresse mail : .... Code PIN : ....
  - Question secrète : ....
  - ....
  - Notes supplémentaires : ....
  - ....
  - Date : ....

Site Web : ....

Identifiant : .... _Mot de passe :_ ....

Adresse mail : .... _Code PIN :_ ....

Question secrète : ....

....

Notes supplémentaires : ....

....

Date : ....

Site Web : ....

Identifiant : .... _Mot de passe :_ ....

Adresse mail : .... _Code PIN :_ ....

Question secrète : ....

....

Notes supplémentaires : ....

....

Date : ....

Site Web : ....

Identifiant : .... _Mot de passe :_ ....

Adresse mail : .... _Code PIN :_ ....

Question secrète : ....

....

Notes supplémentaires : ....

....

Date : ....

Site Web : ....

Identifiant : .... _Mot de passe :_ ....

Adresse mail : .... _Code PIN :_ ....

Question secrète : ....

....

Notes supplémentaires : ....

....

Date : ....

Site Web : ....

Identifiant : .... Mot de passe : ....

Adresse mail : .... Code PIN : ....

Question secrète : ....

....

Notes supplémentaires : ....

....

Date : ....

Site Web : ....

Identifiant : .... Mot de passe : ....

Adresse mail : .... Code PIN : ....

Question secrète : ....

....

Notes supplémentaires : ....

....

Date : ....

Site Web : ....

Identifiant : .... Mot de passe : ....

Adresse mail : .... Code PIN : ....

Question secrète : ....

....

Notes supplémentaires : ....

....

Date : ....

Site Web : ....

Identifiant : .... Mot de passe : ....

Adresse mail : .... Code PIN : ....

Question secrète : ....

....

Notes supplémentaires : ....

....

Date : ....